Klaus Konjetzky

39,4

FSC
www.fsc.org
MIX
Papier aus verantwortungsvollen Quellen
Paper from responsible sources
FSC® C105338

Originalausgabe
Mai 2023

Kulturmaschinen Verlag
Ein Imprint der Kulturmaschinen Verlag UG
(haftungsbeschränkt)
79100 Freiburg
www.kulturmaschinen.com

Die Kulturmaschinen Verlag UG (haftungsbeschränkt)
gehört allein dem Kulturmaschinen Autoren-Verlag e. V.
Der Kulturmaschinen Autoren-Verlag e. V.
gehört den AutorInnen.
Und dieses Buch gehört der Phantasie,
dem Wissen und der Literatur.

Umschlaggestaltung: Sven j. Olsson
Umschlagabbildung: Klaus Konjetzky
Satz: Dino Sirji
Hinterlegt in BoD (Libri)

978-3-96763-221-7 (kart.)
978-3-96763-222-4 (geb.)

Klaus Konjetzky

39,4

oder

Mich bringt
was mich rettet um

und andere Gedichte

Poesiemaschinen

Inhalt

I.
Vielleicht ist
was du lebst
nur eine Nebenwirkung

Prolog	11
Gnossiennes	12
Orakel	13
Gekrümmter Raum	14
Das Unbekannte	15
Tübingen/ Turm	16
Scardanclli	17
Lebens-Bühne	18
Metaphysik	19
Welt	20
Rätsel	21
Einsamkeit	22
Kreuzigung	23
Kirchen-Glocke	24
Mirabell	25
Wörter	26
Der Fall	27
Selbst	28
Der Ton	29
Personenbeschreibung 1	30
Personenbeschreibung 2	31
Keller, Gottfried	32
Sozusagen Liebe	33
Sommertag	34
Leben	35
Kunst	36
Zuversicht	37
Perspektive	38

Begräbnis 39
39,4 40

II.
Die Farben des Niegesehenen
verblassen im Angeschauten

Deutschland 1 43
Deutschland 2 44
Im Schlosspark 45
Cabourg 46
Am Brunnenbecken in den Tuilerien 47
Marseillaise 48
Saint-Eustache 50
Böhmischer Plöckenstein 51
Böhmerwald 52
Kehlheimwinzer 56
Alcamo Marina 57
Poem von der metaphysischen Unruhe auf
den sieben Hügeln der Schönheit 61
Poem vom gefleckten Kater Odysseus
der am 11. September verschwand 65

III.
Eine Klarinette
entzündet die Nacht

Melina 73
Daphne 74
Diotima 75
Iphigenia 76
Dimitri 77
Aglaia 78
Rhea 79

Jannis	80
Mourena	81
Despina	82
Phädra	83
Mikis	84
Sophia	85
Petros	86
Charis	87
Elena	88
Alexis	89
Dimitra	90
Medea	91
Thanassos	92
Vita	93
Bio-Bibliographie	95
Veröffentlichungen	96

I.

Vielleicht ist
was du lebst
nur eine Nebenwirkung

Prolog

Es ist nicht der Papst, der
in den Nebenhöhlen Druck er-
zeugt. Gott sei Dank.
Ein Satz steckt im Briefkasten
wie eine Hirnhautentzündung, da
stimmt doch was nicht.
Das Klima, die Kunst, die Akustik,
beschissen, der Hauswirt, die Vor-
sitzende, die Söhne, der Kanzler,
Schweine, Idioten, der Internist,
der Briefträger, die Zinsen, das
Programm, die Verdauung, das Blitz-
Licht der Polizei. Verlassen
liegen die Eingeweide. Da
stimmt etwas nicht.

Gnossiennes

Eine Sirene von weither mündet
in die Ellipse einer Empfindung.
Was auf mich zukommt und über mich
wächst, zieht von mir weg ins
Verhangene.

Sekunden, Jahre und Jahre ein-
geschmolzen in Unersättlichkeit
vergehen lautlos in einem Augen-
Blick schlimmer Begierden.

Eine blutige Spur führt zu mir.
Die Mädchen aber ziehen sich
ins Leben zurück. Der Schmerz,
etwas wie Trost schneidet ins
Vergangene.

Orakel

Horizonte in h-moll, Wolken-
Wälder, Liebende. Welten
rauschen in einem fort
zur Hölle mit den Liebenden.
Ein Schiff, ein Segelschiff
auf dem Neckar trägt
den Schweigenden, der schweigt:
nichts gleicht der Erinnerung.

Gekrümmter Raum

Der unwahrscheinliche Fall
eines Geschehens,

in dem so viel Nichts ist
wie Welt, deren Volumen

und Tiefe ich bin,
deren Oberfläche ich habe,

vor einem Hintergrund, den
ich mir weine.

Dort, wo das Gefundene
mich sucht, nimmt mich das Wahr-

Genommene wahr und das An-
Geschaute schaut sich in mir

und vergisst mich nicht.
Es redet mich in den Dingen.

Das Unbekannte

Tagsüber hockt es
in der Höhle des Blaus
und brütet und schweigt.

Nachts schleicht es
im Windschatten der Zeit
hinaus in die Dörfer.

Andere wieder sagen,
es redete auch am Tag
mit den Leuten.

Tübingen/ Turm

Landschaften sind
und haben kein Sein.
Was mich dort tröstet,
bin hier ich.
Ich habe mich weg-
gelebt von den Wäldern.
Die Höhen und Himmel
singen mir nach und
schwärmen mich zurück.
Wär's kein Lied,
was da blaut,
schrie es mich an
und schwieg und zerriss,
was mich hält.

Scardanelli

Holla! Hol über!
Tot ist der Fährmann
der Kahn gesunken. Er sinkt
und sinkt nieder und wartet unter
der dröhnenden Brücke und liest
im Uhrzeigersinn was zwischen
ihm ist: Hol über!

Lebens-Bühne

Mit einem Flic-Flac komme ich
in die Manege, fasse mich
an der blutroten Nase, kratze
mich am Kopf, falte die
Hände, sage: »Ich bin, aber
ich habe mich nicht«, und
nehme mit ausgebreiteten Armen,
mich immer wieder verbeugend,
den unbeschreiblichen Jubel
des Publikums entgegen.

Metaphysik

Ich glaube, ich bin
gegen die Autobahn-
Maut oder Berlin und
die Mehrwertsteuer.
Oder war ich
verzweifelt an Gott.

Gestern im Kloster-
Bierkeller war's,
als wär alles zusammen
nicht größer als ein Bruch-
Teil vom Kleinsten
und passte, was ewig währt,
in einen Blick.

Mit Goldregen, mein Gott,
rächt sich dreimal
Verleugnetes, und Mandel-
Knospen künden an dein
schluchzendes Gewissen.

Entkommst du
nicht in die Wälder,
findet dich hier
auch keiner.
Meine Urenkel behaupten,
ich hätte mich
umgebracht. Köstlich.

Welt

Alles was ist,
ist erträglich, ach alles!
wenn es mich meint.
Meint es mich nicht, o Weh!
ist die Hölle.

Die Hölle ist los,
ohne mich. Ohne mich.
Und schlimmer: es ist
keine Welt, mein Gott,
keine Welt und kein Gott.

Rätsel

Im Wüstenwind singen
die Wälder, wie Palmen
im Eis. In der Maske
eines Geläuts tönt
das Meer in den Bergen
und flutet in den Hain,
wo der Bauer flucht
und sie im Pferch
einen Psalm singt:
Kommen soll der Herr,
der schon da ist.

Sprüh-Regen bringt er
in einer Sakrotanflasche
und plötzlich glaube ich
zu hören, wie sie
zu ihm sagt, dass jeder-
manns Verdauung Teil
der Welt erklärenden
Formel ist, während er,
ihn aber verstehe ich
nicht, Konfekt essend,
sich mit der Lösung paart.

Einsamkeit

Es drängt zu Wohnen und
Wollen – und möchte doch
Wandern und Warten.
Was lebt mich – und wer
redet mir was wie
die Krätze in den Kopf?
Was denkt sich in mir
seine Existenz? Oder meine.
Ich nehme mir eine Wohnung
in einem Gedicht mit hohen
Fenstern in alle Himmels-
Richtungen und schreibe
mich, bis ich bin, was
ich geschrieben habe.
Ein sich mir annäherndes
Entfernen von allem. Wo ich
hinkomme, bin ich schon.
Meine Deutlichkeit wächst
mit dem Abstand. Vom Ende
gesehen, hat's eine Richtung.
Bis zu den Knien in Einsamkeit.
Das reicht nicht zum Ertrinken.

Kreuzigung

Mit einem Wurst-
Brot und mit Wein
im Beicht-
Stuhl einer Kathedrale.
Dort verebbt das Fremde
der Welt von den fernen
Kontinenten der Kanzel
auf Orgelwellen im Gehirn,
von wo es kam.

Kirchen-Glocke

Ich habe mich in ihrem
Klang. Was sich ereignet,
ist mein Echo. Hört
mich jemand? Hier bin ich,
im strömenden Blau.

Mirabell

Nachts treibt das
selige Entsetzen
in die Nüstern und
pulst und pocht
und rauscht und pulst.
Wolfs-Augen ver-
raten das Dröhnen
der Schwester und
der Mund, geil,
hört nachts
Sonatenklänge.

Wörter

Wörter sind
die hängen sich
an und ziehen mich
hinab mit den Dingen

auf den Grund und
starren mich an

und starren und
denken mich
im Gedachten
des Tods

Der Fall

Ist es das Röntgen-
Bild meines Herzens
oder ist die Radar-
Kontrolle meiner Über-
Schreitung der Fall.

Greift mich was
niedersinkt auf
richtet mich
was von der Stirn
wie eine Wulst vor
die Augen sich wölbt.

Schön wie das nächtliche
Firmament steht im Zenit
das Kardiogramm. Hoppla.
Leiser falle ich aus
dem Hintergrundrauschen.

Selbst

Gespiegelt
im Brennpunkt
des Geschehens
tauche ich auf
in den Augen
der anderen
im Ereignis-Horizont
den ich als Sinkender
überschreite

Der Ton

Leise dringt die Glocke
in mich ein. Nein, nein,
weint's, nein.
Gestern ging ich
über's Land mit einem Lied
zur Mutter über's Land zur Mutter.

Tot ist die und Krieg ist.

Übergelaufen die Milch, die Milch
ist übergelaufen, nach Sirup riecht's.
So wein doch nicht. Nein, nein.
Leise greift das Echo
einer Glocke in mein Lied
und fasst den Ton. Es ist
der Tod. Der Tod.

Personenbeschreibung 1

Ich. Aber vom Kirchturm aus
bin ich nicht mehr zu sehen.
Laut muß ich sein. Zu laut.
Sonst klopft er nicht. Sonst
lässt er mich, der Nachbar.

Ich. Mein Stuhl, mein Tisch,
mein Bett. Das Fenster. Aber
runterspringen müßte ich, um
ein Gespräch in Gang zu bringen
über mich. Das ist nicht wahr.

Personenbeschreibung 2

Bedeutende Flugzeuge überm Pol. Reeder
loten die Ägäis aus. Die Außenminister
nehmen Jerusalem noch mit. Ein Telex ins
besetzte Gebiet ordert Schiffsladungen.
Und ich. Mein Gott. Erbärmlich lasse ich
Flugzeuge niedergehen auf den schmelzen-
den Pol. Schwere Reeder rollen am Strand.
Der Außenminister im freien Fall. (Der geht
nicht auf.) Ein siegreicher Aufstand während
das Schiff den Eisberg trifft. In den Morgen-
Stunden nimmt alles wieder meinen Platz.

Keller, Gottfried

Was rötlich hinaufsinkt,
wird immer ein blauer Traum.
In Heidelberg am Zürichsee
sind Pinien knorrige Buchen.
Heimweh in keiner Landschaft
ist, was die Geliebte nicht hält.
Das Weh hat tausend Seiten.
Wir nennen, was die Erinnerung
schneidet ins Ungelebte, Literatur.

Sozusagen Liebe

Was zu sagen war, klärt
die Erinnerung.
Für manches ist es dann zu spät.
Fahr ich allein nach Kirch-

lengern, holt mich der Teufel.
Holt mich der Teufel in Kirch-
lengern, war ich daheim
nicht zu verstehn.

In Gedichten steht schön was
uns angeht. Das lindert und stillt
nicht. Aus einem Ja, einem Nein
wird kein Haus. Darin wohnen wir.

Sommertag

Aus offenem Fenster
dröhnt der Bolero und
drüber ist's als schlüge
jemand jemanden.
Polizei und Krankenwagen
schwellen an und ab. Ein
Fremder lacht und hustet
sich zu Tod. Und einer,
wie ein Umgebrachter, wacht
auf und singt. Die Mütter
schreien ihren Kindern und
fliehen vor den Regenwolken,
die weiterziehen, wie der
Sänger, und den Platz
in drohende Stille legen.

Leben

1001 Gründe sprechen
wofür und dagegen.

Nur eine Nelke im Rohr, nur
eine Puppe in der Schlinge.

Nur wer aussetzt, überlebt
jeden Fall. Himmel und Hölle.

Kunst

Das Müde findet sein Tätig-
keitswort und der Überdruss
bricht sich am Satzbau.
In eine Geste mündet der ver-
lorene Nachmittag. Angst schwin-
det in elliptischem Blau.

Entsetzen zwischen Gis und As.

In eine Metapher entkommt die
Lüge, wie die Lächerlichkeit
mit Triolen. In Keramik heiß
gebannt: der Gott. Die Gier
treibt Flecken ins Dur und
Sehnsucht baut Nester ins Weiß.

Zuversicht

Waren von wo rückblickend
die Heimspiele
von Bayern schlimmer,
habe ich andererseits
Mahler noch nie
schöner gehört.

Perspektive

Queren enttarnte Zuständige
den Weg, finden sie
mein Schlupfloch,
durch das sie entkommen
mit meinen Ideen,
mit meinen, ins rettende Chaos.

Begräbnis

Kondolenzschreiben mich be-
treffend eine Geburts-Anzeige.
Daumenbreit liege ich mir vor
und der Tod steht bei den Neben-
Kosten wie meine Unsterblichkeit.
Ich sei beim Einwohnermeldeamt beim
Einkaufen freundlich in der Sauna
beim Reifen-Wechsel gegenüber dem
Haus-Meister und der Psychoanalyse.
Dann wächst Gras über den Kopf.

39,4

Das pulsierende kopf-
große Nichts zieht sich
zurück hinter Ränder,
von wo es kommt.
Abgedrängt mit ihm die Un-
endlich- und die Ewigkeit:
Platz für die Wanduhr. Sie
schlägt. Es geht.
Meine Wahrscheinlichkeit
wächst mit der Dämmerung.
Die letzten Jahre seit An-
beginn sind wie im Flug
vergangen, länger währt
jeder Augenblick. Im Traum
war der Tod auf Tage
verteilt. Am Morgen der Gott
ins Nierenbecken verbannt.
Trink, trink!
Hier findet eine Geburt statt.
Vielleicht ist, was Du lebst,
nur eine Nebenwirkung.

II.

Die Farben des Niegesehenen verblassen im Angeschauten

Deutschland 1

Bauchschmerzen und Herz-
Weh. Den Schädel schneidet
ein Ton. Wieder nur das
Wetter. Wieder nur das
oft beschrieene Ich,
das in den Ohren rauscht.
Kein Gedanke in der Nacht,
der um den Schlaf brächte.
Der tiefe tiefe Schmerz:
Migräne. Worum geht es?

Sag, worum ging's?

Deutschland 2

Mein Übergewicht straft
mich Lügen. Mein Leid
fährt mit Katalysator.
Und spendet der dritten
Welt und dem Osten.
Wer hier erstickt, hat
ein Hühnchenbein
in der Kehle.

Im Schlosspark

In die Erzählung einer Kirchen-Glocke
fällt ein Schuss, der im fernen Dunkel
eines vorbeifahrenden Zugs verhallt.
Der weiße Schleier einer Vogel-Wolke
zieht über die Braut, die versteinert
im Beet steht vor den Bänken mit den
blinden Leuten, die hier hin deuten
und da hin und mit eingezogenen Köpfen
den Park verlassen, aus dessen Unterholz
eine Meute hechelnder Hunde bricht.

Auf der Bank, im Käfig entlaubter Bäume,
oder ist es der Baldachin rotblühender
Kastanien, seh ich im gespiegelten Abend-
Licht zwei singende Männer, oder sind es
zwei schweigende Frauen, die große Frei-
Treppe zum Park, einer links, der andere
rechts, herunterkommen, und wie sie sich
unten treffen und küssen und ihrer Wege
gehen, während das hohe Mittelfenster des
Schlosses rotglühend in Stücke zerspringt.

Kinder winken den davonfliegenden
Luft-Ballons und werden in Zweier-
Reihen zum Abholplatz am Eingangstor
geführt, wo zwei Frauen einen Bärtigen
stützen, dem Blut über Schläfen und die
bleichen Wangen rinnt aufs blütenweiße
Hemd. Der, zwischen der lachenden Alten
und dem Nackten im geilen Trachten-Anzug,
verschwindet im Getümmel, und der mit dem
Tablett ruft: Das Ganze bitte noch einmal!

Cabourg

Das leere, graue
Meer, das kalte,
in der Glasfront
des »Belle Vue«,
der Paläste schöne
Zeit im Plakat
der Promenade:

Schwarze Herren mit Melonen,
weiß gerüschte Damen stehen
lächelnd in beblümten Hüten,
drehn den Seiden-Parasol.

Treibt der Sturm
das wüste Meer an
die dunklen Fenster-
Scheiben, bringt der
Ober Madeleines,
heißen Tee und
Marcel Proust.

Am Brunnenbecken in den Tuilerien

Ins Plätschern und Plaudern
flutet die Woge eines Chorals

und frisst sich wie Mehltau
auf Rosen unter die Leute.

Jemandes Lachen schneidet
das sanfte Dröhnen der Stadt.

Marseillaise

Immer mehr verlassen die Romane,
treten aus Gemälden und strömen
zum Père-Lachaise, wo es ein Früh-
stück gibt in den Blumen des Bösen.
Durch die Reihen geht des Königs
Mätresse, hier Gebäck servierend,
dort dem perversen Prinz Schutz
bietend unter ihrem weiten Rock.
Der bestochene Polizei-Präsident
scherzt mit den hungrigen Poeten
und küsst den Ring des Kardinals.
Hinter den blitzenden Stiefeln
eines Nazi-Majors kommen schwarze
Damen und weiße in high heels,
engen Jeans und halb offenen Blu-
sen, mit gepiercten Lippen, Ohren
und Augenbrauen und Nasen, Tattoos
an den Oberarmen und den üppigen
Brüsten, begleitet von rasierten,
Goldketten tragenden Athleten mit
Sonnen-Brillen und weißen Zähnen.
Als das Totenglöcklein zu schlagen
beginnt, verschwindet alles in der
Marseillaise.

Ein Champagnerglas hebt Proust
am Fenster des Palais, in dem
Marie zu ersticken droht, Marie!
Marie? an einem Stück Kuchen,
Antoinette! derweilen Dantons
lachender Kopf in den Jubel
und Gesang der Menge fällt.
Der Glöckner von Notre Dame,
aber er ist es nicht, Sartre

protestiert im geschlossenen
Café, wo Baudelaire säuft und
schreit: fraternité und volupté,
ordre, schreit er, und: beauté,
luxe, calme et voluptévolupté.
Vor Glück und Unglück weint die
Piaf, aber sie bedauert nichts.
Nichts, nichts! singen alle.
Einer tanzt. Der alte Picasso
ist es, der am Quai Branly mit
einer Strohpuppe aus Mali tanzt.
Da, da! Hurra, hurra! Napoleon
reitet übers Marsfeld eine Gasse
zu den Bauern, die Obst in die
belagerte Stadt gebracht haben.

Saint-Eustache

Das Inferno einer Toccata, Höllen-
Sturz in die Bartholomäus-Nacht.

Aus der ächzenden Dunkelheit steigt
das klagende Licht einer Stimme.

Hinter den Gitter-Stäben der Seiten-
Kapelle geht ein Panther hin und her.

Böhmischer Plöckenstein

Es ist nicht alles geheuer,
sagt der zum Kreuz Gebeugte,
in Nächten geht ein Licht
im Wald und ist ein Stöhnen
im Wasser. Sein Blick
zieht ein tönendes Leuchten
hinter sich her in die Stube.
Im Fensterkreuz stehen die Höhn,
heimelig und fremd und sinken
in den Gesang der Dunkelheit:
ein Weinen. Stimmen flüstern
und die Teufel heulen leis.
Und einer mit goldener Kron
mordet im Wald sein Lieb
und geht davon. Wer klagt
überm grausigen Grab? Wer
jammert drunten im See?
Die Fische sind's, die roten,
gefleckt mit glühenden Funken:
»Es sind nicht alle zu Hause.
Zu Hause.« Der Alte verriegelt
die Tür und schlägt das Kreuz.

Böhmerwald

1.

Der Sommerton.
Ein Wehen, ein Rauschen.
Wolkenschatten ziehn ins lichte
Blau, ins Grau und sinken
ins funkelnde Schwarz.

2.

Über die Kirche hinauf
zu den Hängen, den Höhen,
wo Wälder im Wetterleuchten
den Himmel schneiden.
Ein Grollen geht über
verlassene Dörfer.

Nach Sonne riecht es,
nach Nacht und Regen,
nach Heu und Brot.
Die Wälder dröhnen,
die Himmel und Höh'n.
Es tönt der Tod.

3.

Wenn der Wald
als buckliger Schatten
nach den Dörfern greift
und an Fenstern fingert,

dann greint's unterm Dach
und weint's. Es wispert
und kichert im Backhaus
und stöhnt im Stall.

Die Leute im Dorf hö-
ren den Wind im Kamin,
und jeder sieht es
in den Augen der andern.

4.

Die Brandung des Waldes
verebbt im Mondlicht
wie die Stube im Ticken
der Wanduhr versinkt.

Das Fenster kreuzigt
eine Vogelscheuche,
die jammert im Traum
der Alten auf dem Sofa.

Wer ruft und flucht?
Was heult der Hund im Hof?
Wo geht der Schatten hin?
Die Stalltür schlägt zu.

5.

Janka,
der Dudelsackbläser, geht
zu den Nutten am Schnellimbiss,
singt: »Wigel dich, wagel dich,«
singt: »siedst nit, so brat ich dich,
gehst nit«, lacht er, »so trag ich dich!«
Die Schwarze,
die nicht verhehlt, was sie verbirgt,
zeigt ihre fünfblättrige Wald-Rose.
Die hat ihr der Janka eingeritzt.
Dann und wann bringt er Leute
über die Teufelsmauer zur
Grenze.

6.

Biotope in den Schneisen spren-
gen den Wald und besetzen Panzer-
Sperren und Wach-Türme. Tödliche
Schüsse von den Jäger-Hochsitzen
zerreißen die Kirchenglocken
vom Grund des Moldaustausees.
Die noch leben im Namen versun-
kener und abgetragener Dörfer
kehren als Mönche zurück in
barocke Depots und Pferdeställe
und beherbergen die Goldwäscher
aus den entnadelten Wäldern.
Die Vietnamnesen auf den Märkten
verpacken Gartenzwerge.

7.

In Horni Plana ist kein Fluss
und geht kein Hund nach Schwarzbach.

Lachen und Weinen ist im erzählten
Leben der Leute von Oberplan.

Die Farben des Niegesehenen
verblassen im Angeschauten.

Kehlheimwinzer

1.

Auf dem Weg hinunter zum Dorf
ist ein Schluchzen im Steinbruch.

Ein furchtbares Flüstern.

Im Birnbaum hängt tot ein Rabe
und der Fluss steigt und steigt.

Stille flutet das Haus.

2.

Der Kröte Klagelied zerbricht
im rauschend bewegten Schilf.
Am Ufer sitzt ein Krückenmann
und heult ein schwarzer Hund.

Der Fluss stöhnt an den Bäumen,
Glocken dröhnen vom Ort.
Verloren ist das Rindenschiff,
die Strömung trägt es fort.

Alcamo Marina

1.

Das Gewölbe einer gewaltigen
Kuppel überm Mosaik
des Meeres, Gold-
Regen von den Bergen
hinter Castellammare, Silber-
Fäden von den Höhen
über Balestrate. Von dort
nach dort die weiße Bordüre
des Strands.

2.

Was mit den Sturzbächen
rötlich und braun
von den Bergen strömt,
wuchert und wächst
wie Treibsand im wüsten Meer.

3.

Regungslos schweres Gewölk
über dem Scheren-
Schnitt der Berge.
Eine schwarze Linie trennt
das Meer vom Himmel.

4.

Das Heulen
der zerbrochenen Glastür
kommt mit den Hunden,
die gegen den Himmel klagen.
Dann bricht der Mond
und stürzt ins brüllende
Meer.

5.

Eine strömende Bewegung
treibt grüne Inseln
ins falsche Blau.
Sonnenflecken sinken
von den Bergen ins
flutende Türkis.
Das Schreien der Möwen
reißt den Himmel auf.

6.

Schattenfinger
fassen die Berge,
nehmen die Schluchten und
greifen die Hänge und Höhen.
Noch einmal lodert der Grat
und verlischt in wachsender
Schwärze.

7.

Schwer trägt das Meer
am Himmel, dessen Dunkelheit
schwarze Nester baut
ins erloschene Leuchten.
Von den Bergen kriecht
die Nacht in die Lichter
des verlassenen Dorfs.

8.

Das Lachen zieht Tüten
und Dosen hinter sich her
und das Schreien
der Fröhlichen treibt
Spuren in den Sand und
baut eine Burg.
An der leckt und schleckt
das Meer. Für Augenblicke
blühen Sandbänke auf,
bevor die nächste Welle
den letzten Fußabdruck
wegwischt.

9.

Die Liegenden vorm Strand-Hotel
schlagen die Phönizier nach,
die Karthager und die Mafia und
blättern in Palermo, Syrakus und
den griechischen Tempeln
in Selinunte und haben den Ätna
im Blick und Segesta und den Golf,
der im Gegenlicht untergeht.

10.

Die Wellen des atmenden Meeres
verlieren sich in der Erinnerung
und nehmen den Puppenarm mit
und die Keksschachtel, den Küchen-
Schwamm und das Feuerzeug und die
Sekt-Korken und Haarspangen und
Plastik-Tüten, die Sonnenbrille
und den Kamm, Zigarettenkippen und
Kugelschreiber, Silberfolie, Socken
und Bananen-Schalen und Glasscherben,
Kondome, Turnschuhe, eine Gabel und
Konserven-Büchsen und den Eisbecher,
die Angel-Schnur und die Sonnencreme
und den toten kleinen Fisch.

Poem von der metaphysischen Unruhe auf den sieben Hügeln der Schönheit

Keine Geschichte führt vom böhmischen
Meer oder Mecklenburg dorthin, wo
der Horizont die Welt war – weit, weit,
und so nah liegt's hinter allem.
Bis an den Tejo rauschen die Wälder,
die ihm die Welt sind. Bis zur Alfama
tönt's heimelig zwiefach. Mein Gott.
Bis es ihn fasst. Fassungslos, fassungs-
los hört der Senhor den Schmerz, ein
tiefes tiefes Weh der blinden Sängerin,
eh es ihm lacht und leuchtet und das
Herz zerreisst, Lisboa, Lisboa.
Ihre Hand, Teresa, wie blues
greift's und drängt es und lockt
und zieht in den Schatten der Stimme:
Leben ist Sehnsucht nach Leben, nur
eine Handbewegung auf der Gitarre,
Saudade, ein Lachen, ein Weinen,
solange wie's klingt und sich reibt
an der Wunde und rührt und sich reibt.
Fado ist Sinken und Fallen. Eine
Erhebung ins Glück von Tod und Liebe
und Tod. Saudade. Perdido na noite.
Niemand kann sagen, was Einsamkeit ist.
Sie aber habe ihr Herz klopfen gehört
und gewußt: das ist das Leben. Lisboa.
Der leise Geruch von Mauern und Nacht
und von Leuten. In Augen spiegeln sich
Bettler und Krüppel, was sonst, und
Herren und Huren und Heilige. Wen sonst
trifft das Beben und's Glück.
In den Ohren tönt's dunkel von Gauklern.
In Tönen steht schwarz und schön Amalia

vor offener Tür: ›vier zerfallene Wände
es riecht nach Armut und Essen. Josef
auf Wandkacheln, gemalt. Der Mond
scheint durch die Gardine. Die Sonne.
Es reicht. Genug, um fröhlich zu sein.
Mehr ist nicht als Liebe und Brot
und der Wein, ein kalter grüner Wein.‹
Kirchenkühle. Ein frommes, sündiges
Murmeln der Frauen. Was ist, kommt
von unten, aus steinernem Gestern,
wächst aus dem Dunkel der Gesänge.
Kreuzgänge ins vergangene Heute.
Und dann Stufen hinauf ins Barock
und hinaus über Dächer und Kuppeln.
Licht vom Meer und vom Fluss. Blaue
Schlagschatten festigen den Verfall.
Von Kachelfassaden zurückgeworfen
aufs schwarzweisse Pflaster: Gestalten.
Am gebrochenen Gitter des Balkons
endet die Welt-Tragödie des Sterbens
an einer Wäscheleine mit Socken.
Im Mosteiro des Sao Vicente de Fora
fragt wer und zählt Münzen in toter
Hand und erzählt vom spanischen Kreuz
und dem maurischen Mond. Zahnlos
lacht die Königin und segnet und flucht
am Kirchenportal. Nur sie versteht,
was die Glocken sagen und klagen.
Wohin? Immer nach Westen, dorthin,
wo's glüht, bis sich das Meer erhebt,
und die Wellen Feuerland gebären
aus den sieben Hügeln der Schönheit.
Fernandos metaphysische Unruhe am Rand
eines Sturms, eines Bebens. Pessoa trinkt
und trinkt in Bairro Alto bis er bricht.
Und trinkt in der Baixa. Zu einem Gedicht,

in dem er beginnt. Was ist die Leber,
die Galle, der Magen gegen einen Vers,
und wär's nur ein Adjektiv. Was wär
das Hirn, wenn ihm die Sätze verdorrten.
Mit Wörtern in Worten baut er die Stadt,
die fallende, ins Wirkliche zurück.
Jardim da Estrela und die Basilika.
Ein brasilianischer Diener führt und rührt
an Verbotenem. Armut sei wie das Erdbeben,
habe der Bischof gesagt. Da sei nichts
zu machen. Armut, hat er gesagt, sei
Krankheit, die kann die Kirche nicht heilen.
Die Scham des Dieners sagt: Es gibt eine Not,
die schlimmer noch ist als der Tod.
So tötet der Herr. »Unbeteiligt assistiere
ich dem Geschehen, der Verwesung dessen,
was ich bin.« Pessoa in Bronze auf einem Stuhl,
auf der Straße vor einem Café. Nehmen Sie Platz
und lächeln. Hundert Escudos für die Ewigkeit.
Zwei Euros wären gut. Wenigstens einer.
»Ein mönchischer Reiter in mir reitet weiter.«
Lenita, die lachende Schöne, die kluge
Besitzerin, wandelt sich abends vor
Gästen in Trauer. Saudade. Das ist
die Wahrheit, die Wahrheit.
Alle Häßlichkeit glüht im Untergang,
wird Gold in den Augen und verschwimmt
in der Geschichte der Prinzessin Saluquia,
die starb als der Bräutigam kam.
Fünf Fläschchen Strychnin brauchte
Sá Carnero. Dann war's in zwanzig Minuten
vorbei. Länger ging's bei Pessoa.
Eine Ewigkeit dauert's
bei Portwein und Kerzenlicht.
Die Sonne hinter der Stadt, dem Fluß,
im Ozean. Gefangen im geschlossenen

Café auf der Terrasse mit Blick sitzt
regungslos und schaut ein blutender
König in Lumpen, der ein Welt-Reich
verlor. Dachaltanen mit Fernsehantennen,
Schutt, Dreck und Blumentöpfe und
ein schwarzes Huschen hinter Gardinen.
Von Santa Luzia fliegt ein Vogelschwarm
auf und versteinert auf den Festungstürmen
der Kathedrale Santo Antonio da Sé.
Aus einem Antiquariat tritt lesend
Camões. Er hebt nicht den Kopf, aber
erwidert die Grüße und lächelt und
liest und lächelt und geht ins Weite
und verschwindet im Schräg-Licht
am Ende der langen Straße mit Toten-
Häusern im Cemiterio dos Prazeres.
Dort treibt ein Wunder Knopsen und
Blüten aus Plastikblumen. Dort tönt
aus der Stille der Friedhofsverwaltung
eine Gitarre. Hunde-Gebell, Glocken,
Möwen und Lachen. Lisboa. Zurück-
gekommen von den Meeren und Welten.
»Alles verliert sein Sein und Hier,«
sagt Pessoa, »und plötzlich stoße ich auf
Gott«, sagt Pessoa und dann geht auch er.

Poem vom gefleckten Kater Odysseus der am 11. September verschwand

Heimkommen ins Blau, ins unfassliche
Blau; die tiefe Weite des Naheliegenden;
und die Ferne; ein Blick ist es, der klingt
und tönt von Meer und Stein und schwillt
in die Stille des blauen Blaus; die Ewigkeit
atmet in einem Augenblick und dehnt sich
und schwindet von Horizont zu Horizont
der feenhaften Berge und nimmt sich,
was hinter dem Rücken lärmt: die laute
Hässlichkeit meiner Vergangenheit.
Wenn's Meer silbern vibriert, Zikaden
die Stille beschreien, verliere ich
meine Herkunft, die Vollkaskover-
sicherung und den Brandschutz. Wörter
wenden sich ab und gehn aus dem Bild
und geben den Blick frei auf Dinge.
Ein weißgebleichter Schafsschädel
unterm gebeugten Olivenbaum-Körper;
die Silhouette eines Zyklopen ist
der Schatten eines Ziegenhirtes,
der löst und erlöst und weckt die
Geschichte des ungelebten Nie und
Nimmer und Immer und Jetzt.
Das Messer »des vielgewanderten
Mannes, welcher so weit geirrt«
häutet die Angst. Und auf einmal
singt das Licht und die Wärme und
schrillt das Meer und die Berge im
Takt; der Geruch von trockener Erde
ist eine Echse; Gestalten im blutigen
Distel-Feld, der Augen-Blick einer
Oleander-Frau in einer Fensterhöhle
gibt dem Entsetzen Lust.

Die will keine Ewigkeit.
Die Terrasse im weiß gehöhten Zentrum
des Bildes, plastisch und übernah; Brot
und Honig; schwarz-blau gerändert der Krug
wie die Trauben. Schafskäse. Sonnenkringel,
bewegt vom Meer der Fensterscheiben.
Odysseus, schön und jung wie ein Kater
kommt und bleibt am Schattenrand
der Markise; sprech ich sie aus, blüht
eine Wiese, wo flimmernd die Erde vergeht.
Ameisen schleppen Krümel da-
von, eine Wespe kommt nicht mehr
los. Der Schatten markiert Stunden,
ins Endliche fügt sich die starrende
Glut. Die Chimäre hat sich als Kater
zum Schlafen gelegt. Heißer Wind treibt
ins Un-Wirkliche. Inhaltslos die ge-
schnittenen Berge. Nichts verrät der
makellose Himmel und nichts verrät ihn.
Die Witwen in der Taverne holen
sich Tabak unter den Röcken und
warten aufs Boot mit den Fremden.
Eine Ziegenherde legt das Dorf
in Asche und der Pope lacht und
trinkt und fällt; eine Polizei-
Sirene geht am Dorfrand unter
im Glockenklang und Widerhall
der Herde. Stehende Stille einer
Vergangenheit und eines Vergehens.
Schwarze Schwestern beugen sich
ihrem Ende. Wein und Blumen auf
weißem Grund des Klosters. Die
Litanei und die Qual des Gartens.
Gekrümmte Körper spotten dem Kreuz.
Der Tod kommt ins gleissende Licht
des Hof. Als Opfer bietet eine Ge-

brochene sich dar, der Tod aber
schüttelt den Kopf. Mit Weihrauch
weckt die Verschmähte das Singen der
Unsichtbaren in der dunkel-funkelnden
Kirche. Jahrzehnte vergehen, sind
vergangen und nehmen die Schwestern
ins Schmerzvolle mit, ins freudlose
Schweigen. Über Wolkenränder fließt
Lava funkenstiebend ins Meer und
erhellt eine bucklige Irre als Göttin
der Abendröte. Die fliegt ins Rotgold
und Purpur auf dunkelndem Grund.
Der Weltensymphonie Schöpfungs-Takt
klingt und dringt von den Ohren ins
Aug. Gestalten gehn betend übers
Plateau und singen und fluchen.
Auftauchen im Schatten eines Pfiffs.
Ein feines bedrohliches Ziehen.
Das Pochen und Schlagen der Krieger
in den Schläfen des Gotts.
Im Namen dämmert die Zeit und
die Worte gehn ins Jahrhundert,
eingeschlossen in Sirenengesang
und in Sätze gelegt von dem,
der auszog und nie mehr zurück-
kam. Blau wird's wie das Gefühl
von der Zeit und den Zeiten.
Die Berge hinauf in die staubige
Glut. Disteln, Knochen, das Holz
der Oliven. Alles verliert sich
in allem. Küste, Berge, die Hütte,
Yacht und Villa. Odysseus im Müll-
Container am Straßen-Rand. Vor-
gärten grünen und eine Hand hält
ein Ouzoglas gegen das Licht.
Von hinten kommen nackte Kapitäns-

Bäuche mit ihren weiblichen Sonnen-
Bränden auf ein seven up. Und
den üblichen Scotch zwei Finger breit.
Die Leute am Nachbartisch reden
vom Krieg und dem einfachen Leben.
Fisch, Brot, Salat, Wasser. Und
die Bauchspeicheldrüse. Die Kanonen
der Helden am Park-Platz mit Denkmal.
In Leih-Jeeps Drachenflieger aus Köln.
Katzen schreien blind um ihr Leben.
Das strömende Licht fließt breiter
und breiter und überschwemmt Konturen
mit einem Nachhall vom Nichts.
Hinter dem sterbenden Hund brütet
das Ungeheuer in vollendeter Form.
Über der gekrümmten weiten Bucht
stürzt ein Hubschrauber ins ruhige
Meer. Das Ende kommt mit der Be-
wegung des Kopfes. Eine Erscheinung
im Zwielicht. Der Ton einer Planier-
raupe verändert den Blick: das Un-
geheuer ist los. Die Erinnerung
wächst mit Benzin-Geruch.
Ein fetter Mensch, oder ein schöner
geht durch das Bild ins Erinnerte.
Den Feigen-Baum spaltet ein Blitz und
die Schwangere fällt bei den Händlern.
Anleger sitzen an Deck bei Gläsern und
Frauen. Unter Deck spielt Panathinaikos.
Drei Anker weiter schwimmt eine Nymphe
mit Mann im Uhrzeigersinn um ihr Boot,
wie andere am Rastplatz vorm Auto
sitzen und Wurst-Brote essen. Athen
gewinnt. Der Torschrei verebbt an Mauer-
resten auf einer Landzunge, vor der
ein Wasserskifahrer eine Ellipse zieht.

Einer erzählt von New York und vom
Tod. Ein Flugzeug dröhnt und dringt
ins Angeschaute. Kondensstreifen
legen eine Spur in die Berge. Das Meer
steigt und fällt. Barfuß auf der Milch-
Straße des heißen Meeresgrunds.
Sternschnuppen sinkender Boote.
Satelliten blinken, die Dorflaternen
pulsieren, an der Lichterkette hinauf
ins Gebirg über'm Golf liegt das
schlafende Tier. Lakonien, Arkadien,
das Meer, die Berge, der Himmel im ge-
sprungenen Glas. Discosound weckt
die Leute mit ihren Ampeln in Hütten
und Höhlen. Ay! Sie drängen ins Bild und
verlieren sich wieder in bodenlose Weiten.
Die Erinnerung ist wie ein Stöhnen und
Schluchzen. Einer hört Mozart und tanzt
die Spur des Katers, der sich den Fisch
von der Strandmatte holt. Sirtaki. Lachen
von ferne, Motoren-Geräusche. Manhattan.
Ein Brüllen und Hunde-Gebell und Stille
einer stygischen Messe. Die wächst und
wächst und dringt ins Un-Erträgliche
eines Doms, der untergeht in einem Feuer-
Ball. Zykadenschreien im Menschenstrom,
der aus dem Himmel-Loch flutet und stürzt
ins Flammenmeer der Verdammten. Der Nord-
Turm lodert. Der Einschlag im Süden.
Eine Wolke zieht über den Bay. Wie viele
es sind, die springen in die Feuerstaub-
Walze der Schlucht. Ein Beben und Dröhnen
bis an die Ufer des Potomacs, eine Lücke
klaffe im Pentagon, sagt das Orakel.
Tiefes Grollen im silbrig glänzenden
Haus, das stürzt wie ein Berg. Wie

Godzilla, sagt einer wie Gott ins Sirenen-
Geheul. Zwischen 9 Uhr 05 und 9 Uhr 08:
wie Jahr um Jahr vergeht im Fall. Meteo-
ritenschauer und Asche-Regen über dem
Parthenon. Staub, Schutt und Beton-
Brocken. Die Hölle verliert ihr Gesicht
und schwindet ins All-Gemeine
eines orangefarbenen Balls.
Die Westspitze der Insel in Flammen.
Wasserflugzeuge kreisen in den Abend.
Von ferneren Bergrücken kriechen Rauch-
Schatten zur Felsenküste und schieben
Segelschiffe und Boote an Land. Unter
dem hitzekalten leeren Himmel zerreisst
ein tierischer Schrei die Geschichte.
Odysseus seufzt und weint im Traum.
Fisch-Vogelschwärme in den Farnwäldern
und Wüsten.

III.

Eine Klarinette entzündet die Nacht

Melina

An der zerlebten Küste
ist kein Stranden mehr.
Die Dörfer in den Felsen-
Nestern sind ausgebrütet.
Das Meer seufzt dann
und wann in einem Lied,
zu dem Melina tanzt.

Daphne

Durch die Stille geht ein Riss. Hund,
Esel, Glockenturm. Ein Schatten
steigt über die Mauer und wächst
und zieht das Meer hinter sich her.

Ein cherubinischer Gesang spannt
Netze über den Platz. Im heiß erbetenen
Regen geht Daphne unter. Die Nonnen
lassen ihre schwarzen Schürzen wehen.

Diotima

Die Welt. Ein Hochformat
in der Balkontür, vor der
Diotima, die Kranke, sitzt.

Das Meer dahinter fließt
gegen die Möwen. Sekunden
des Glanzes lösen die Hölle.

Im Glas gespiegelt, droht
der Knochenfinger einer Zypresse.
Diotimas Sehnsucht schluchzt

wie das Meer an den Klippen.
Die Wahrheit wächst. Die Nacht
in der Tür bringt's an den Tag.

Iphigenia

Eine Klarinette entzündet die Nacht
und die Frauen unter den Platanen
bei den Männern erheben sich.
Die Schlange der Tanzenden bindet
den Platz an die Mauern und win-
det sich um die Kapelle. Im Feigen-
dunkel schlummern Neugeborene.
Der Pope steht bei Iphigenia.

Dimitri

Beton-Pfeiler, eine Treppe
ins Nichts. Zur Terrasse
geebnet: Steine und Schutt.
Matratzen, zerbrochene Fenster.

In rostigen Töpfen blühen
Geranien. Da sitzt er tot
wie sein Hund. Das Komboloi
in der Hand verrät ihn.

Aglaia

Wär nicht das Dröhnen
der Klimaanlagen und Laut-
Sprecher, der reissende Fluß
der Straße und das Schreien,

wer weiß, vielleicht schaute einer
hinauf zum offenen Fenster. Wer weiß.

So aber sieht keiner Aglaia,
die die Augen geschlossen hat
und die Lippen bewegt, als wär
es ein Lied, das sie träumte.

Rhea

Markt und Hafen, Thymian und
Schweiß. Die Damen von den Jachten
kaufen Haarspangen und Eis.

Die Händler »Fische, Fische!«
klappen Kiemen auf und zeigen's
frische Rot der Toten.

Die Weissagung der dunklen Frau
verheisst Gutes. Das Glück ist
einen Euro wert, wie Aprikosen.

Der Patriarch nimmt der Gebeugten
Küsse an und öffnet Segen spendend
eine Gasse bis zur Taverne Rhea.

Jannis

Jede Handbewegung zieht
seine Vergangenheit.
In seinen Augen brütet
die Hitze und das Meer liegt
regungslos auf seiner Stirn.

So viele Tode schlafen
an seinen Schläfen. So
viele Leben hängen ihm an.
Sein Schweigen ist
seine Geschichte.

Mourena

Das Dorf hat sich zurück-
gezogen ins Weh-
Klagen der Zikaden.
Ein Ziegenbock steht
steinern vorm gebrochnen
Haus. Augen
in der Fensterhöhle.
»Wo nur Mourena bleibt?«

Despina

Das blind machende Zir-
pen schneidet Löcher ins
Wetterleuchten explodierender
Öltanks hinter den Bergen.

Im leisen Dröhnen ihrer Bewegung
ziehen Sterne über's Haus,
das getroffen wird von Schein-
Werfern aus dem Inneren des Lands.

Ein Nachtvogel schlägt, die nack-
ten Nachbarn treiben. Was wie
der Nachtwind weint, ist Despina,
die Frau des Händlers aus Ermioni.

Phädra

Manos kommt nicht mehr.
Das Blut unterlaufene Land
vorm kleinen Haus steigt bis
zur offenen Wunde eines Stein-
Bruchs. Ein Lastwagen auf
der ins Grün und Rot gefrästen
Straße hüllt Phädra ein und
legt den Berg, das Haus,
in Staub und Asche.
Hinter dem Haus zerrt
das Meer an der Kette.

Mikis

Schrottautos im Pferch
bei den Schafen. Unter Oliven-
Bäumen Benzin- und Ölkanister.

»Mikis«, sagt der Vater, »wird
zurückkommen als Ingenieur
und eine Tankstelle bauen«.

Sophia

Geräusche und Reden, ein Lachen
zu den Stimmen vom Fernsehgerät.
Aus der offenen Tür kommen Katzen
und gehen zum Rosmarinstrauch
an der bröckelnden Mauer vorm Haus.

Männerhemden, Socken und Jeans
auf der Leine quer über den Hof
erzählen von der, die sie wusch.
Sophia. Sie gibt den Katzen
was von den Fischen blieb.

Petros

Vom Ende her
reimt sich zusammen,
was nicht gewesen ist.
Er hat seinen Tod,
ihm dankt er sich.

Er ist sich ähnlich geworden.
Die Linke weist in die Arktis.
Die Rechte zum Schwur
erhoben, bei Gott.

Ohne ihn wär's
ein klägliches Spiel.

Charis

Das Meer, die Schiffe, die Straße,
der Platz mit dem Heldendenkmal,
Schirme, Tische und Leute. Die dre-
hen den Kopf, bewegen die Hände und
spiegeln sich in der Schaufensterschei-
be, hinter der Charis die Leute sieht
und den Platz und die Blumen,
die Straße, die Schiffe, das Meer.

Elena

Ein Kloster, nein, es ist
die Villa eines Reeders,
bläht weit und weiss
die Segel. Auf seinen Planken
liegt die Träumende im Wolken-Meer.
Das Schiff zieht von den Höhen
herunter in den kleinen Ort,
hinter die Glasfront des Supermarkts,
in dem Elena an der Kasse sitzt.

Alexis

Er lacht, als lachte er
für Geld. Ob das Schwarz
seiner Locken echt sei und
ob er Sirtaki tanze, fragen
die Frauen und strecken
die Arme und summen
Theodorakis und lachen.
In ihren Augen ist er, schön
wie ein Gott, eine Erinnerung.

Dimitra

Das Blumenrondell im Kloster-
Hof. Eine Insel im versteinerten
Meer. Das flutet nachts ins Gebet.

Drei sind es, die leben noch,
eine jede im Auge der anderen.
Die nächste, die geht, ist Dimitra.

Die Wege gefegt und die Treppen,
Stufen aus Marmor. Mit Weih-
Rauch den Teufel getrieben.

Die Wut über den verfluchten
Gott hat sie gekrümmt. So ver-
neigt sie sich vor den Heiligen.

Medea

Das Meer: silbern gehämmert
das lautlose Brüllen der Luft.
Der fliessende Hain der Oliven
verebbt im tönenden Berg.

Der sinkt ins Lachen Medeas.

Thanassos

Ein Fluchen öffnet die Taverne.
Dort schweigen sie.
Bis einer sagt: es gibt

eine Geometrie der Gefühle.
Nein, sagt Thanassos. So
geht das die ganze Nacht.

VITA

Angeschwemmtes Treibgut,
verhakt, vernetzt, zusammen-
geballt zu kleinen Inseln.

Stürme gingen darüber hin
und glätteten und füllten
die Risse und Löcher.

So habe ich mit den Jahren
ein Aussehen bekommen
und eine Geschichte.

Bio-Bibliographie

Geboren 2.5.1943 in Wien, gestorben 31.10.2019, lebte Klaus Konjetzky seit 1949 in München. Studium der Geschichte, Germanistik und Philosophie. Malender und komponierender Autor. War Mitherausgeber und Redakteur der »Literarischen Hefte« und der Zeitschrift »Kürbiskern« , Mitbegründer der »Wortgruppe München«. Literatur- und Musikkritiker der Süddeutschen Zeitung, Mitarbeiter des Bayerischen Rundfunks, vor allem für »Bayern – Land und Leute« und »Musik der Welt«. Mitglied im Verband Deutscher Schriftstellerinnen und Schriftsteller in ver.di, im PEN und in der GEMA.

www.klauskonjetzky.com

Veröffentlichungen

- »**Grenzlandschaft**«
  Gedichte; München 1966
- »**Perlo peis ist eine isländische Blume**«
  Erzählungen; Piper Verlag 1971
- »**Für wen schreibt der eigentlich?**«
  Dokumentation zus. mit Manfred Bosch;
  Piper Verlag 1973
- »**Poem vom Grünen Eck**«
  mit einem Nachwort von Martin Walser;
  Piper Verlag 1975, Aufbau Verlag 1977
- »**Was interessiert mich Goethes Geliebte?**«
  Tendenziöse Gedanken und Gespräche über Literatur und Wirklichkeit«; C. Bertelsmann Verlag 1977
- »**Die Hebriden**«
  Gedichte; Piper Verlag 1979
- »**Am anderen Ende des Tages**«
  Roman; Piper Verlag 1981; dtv 1983
  Der Roman »Am anderen Ende des Tages« wurde übersetzt ins Polnische, Ungarische und Rumänische.
- »**Hauskonzert in h**«
  Theaterstück; Suhrkamp Theaterverlag 1981;
  Uraufführung im Stadttheater Ingolstadt 1981
- »**Die Lesereise**«
  Erzählung, Verlag Ulrich Keicher 1988
- Einzelne Gedichte wurden übersetzt ins Englische, Französische, Rumänische, Tschechische, Serbokroatische, Makedonische, Polnische, Holländische, Russische.

Mitherausgeber der Anthologien:

- »**Auf anhieb Mord**« (Wortgruppe München)
  Kurzkrimis; AutorenEdition 1975
- »**Keine Zeit für Tränen**«
  (zus. mit Dagmar Ploetz), Liebesgeschichten;
  AutorenEdition 1976

- »**An zwei Orten zu leben**«
  (zus. mit Vera Botterbusch)
  Heimatgeschichten; AutorenEdition 1979
- »**Die stillenden Väter**«
  (zus. mit Joseph von Westphalen)
  C.Bertelsmann Verlag 1983